خطرناک بھیڑئیے کے ساتھ اپنی ہولناک آزمائش کے بعد
ریڈ رائیڈنگ ہڈ اپنے باغ میں کھیل رہی تھی۔
"ریڈ رائیڈنگ ہڈ" اُس کی امّی نے آواز دی "میں نے نان خطائیاں بنائی ہیں۔ آ کر کھالو۔
بلکہ تم کچھ اپنے ابّا کے لئے کیوں نہیں لے جاتیں؟"
دراصل ریڈ رائیڈنگ ہڈ ابھی تک جنگل میں جانے سے ذرا گھبرا رہی تھی۔ لیکن اُس کی امّی کو اُس کی
مدد کی ضرورت تھی اور ابّا کو یہ نان خطائیاں بے حد پسند تھیں۔ لہذا، وہ جانے پر راضی ہو گئی۔

KU-547-204

Red Riding Hood was playing in the garden after her terrible ordeal
with that nasty wolf.
"Red Riding Hood," called her Mum, "I've made cookies, come and get one.
Why not take some to Dad?"
Now Red Riding Hood still felt a bit nervous about going into the wood. But
Mum needed her help, and Dad loved his cookies. So, she agreed to go.

Her Mum counted ten freshly made cookies into a basket. 2, 4, 6, 8, 10.
Red Riding Hood gave her Mum a big hug and off she went.

STANDARD LOAN

UNLESS RECALLED BY ANOTHER READER
THIS ITEM MAY BE BORROWED FOR

FOUR WEEKS

To renew, telephone:
01243 816089 (Bishop Otter)
01243 812099 (Bognor Regis)

13. OCT 04

17. JAN 05

17 JAN 2011

18 APR 08.

1 9 OCT 2011

26. OCT 06.

09. DEC 06.

05. NOV 07.

26. MAR 08

08. SEP 08.

11·7·08

07 NOV 08.

2 8 OCT 2009

UNIVERSITY COLLEGE CHICHESTER LIBRARIES

AUTHOR:

WS 2196925 6

TITLE: CLASS NO:

DATE: 5/04   SUBJECT: CR.   P CLY

!   ¡

Not   Hood!

اُس کی امّی نے دس تازی تازی نان خطائیاں اُس کی ٹوکری میں رکھ دیں۔

۲، ۴، ۶، ۸، ۱۰۔

ریڈ رائیڈنگ ہڈ نے امّی کو گلے لگایا اور چل دی۔

ابھی وہ زیادہ دور نہیں گئی تھی کہ اُس کو ایک چھوٹی سی آواز سُنائی دی۔

"ریڈ رائیڈنگ ہُڈ, ریڈ رائیڈنگ ہُڈ, کیا تمہارے پاس کچھ کھانے کے لئے ہے؟ میں برسوں سے اس برج میں قید ہوں اور بھوک سے بری حالت ہے۔"

"اپنی ٹوکری نیچے کرو۔" ریڈ رائیڈنگ ہُڈ نے کہا "میرے پاس تمہارے لئے ایک تازی نان خطائی ہے۔"

She hadn't gone far when she heard a small voice: "Red Riding Hood, Red Riding Hood, have you any food? I've been stuck up in this tower for ages and I'm starving."
"Send down your basket," said Red Riding Hood. "I have a delicious, freshly made cookie for you."

"واہ، واہ میری پسندیدہ چیز۔" رپنزل نے جواب دیا۔
"اِس خطرناک بھیڑیئے کے ساتھ تمہاری
ہولناک آزمائش کے بعد تمہیں اتنی جلدی باہر نکلتے
دیکھ کر خوشی ہو رہی ہے۔"

"Yummy, my favourite," replied Rapunzel.
"It's good to see you out again, so soon after
your terrible ordeal with that nasty wolf."

ریڈ رائیڈنگ ہڈ اپنے ابّا تک تازی نان خطائیاں پہنچانے کے لئے پھر چل پڑی۔

اُس نے اپنی ٹوکری میں جھانکا۔

۱۰ نان خطائیاں اَب ۹ رہ گئی تھیں!

Red Riding Hood set off again to deliver the
freshly made cookies to her Dad.
She looked into her basket.
10 had become 9!

کچھ دیر بعد وہ مسٹر اور مسز بھالو کے گھر پہنچ گئی۔ وہ لوگ اپنے باغ میں میز کے چاروں طرف بیٹھے تھے اور ننھا بھالو تین خالی پیالوں کو گھور رہا تھا۔

"ریڈ رائیڈنگ ہڈ, ریڈ رائیڈنگ ہڈ, کیا تمہارے پاس کچھ کھانے کو ہے؟ ہم فاقے سے ہیں۔ کوئی ہمارا تمام دلیہ کھا گیا!"

After a while she arrived at Mr and Mrs Bear's house. They were sitting around their garden table with Baby Bear staring into three very empty bowls.
"Red Riding Hood, Red Riding Hood, have you any food? We're starving. Someone's eaten all our porridge!"

اردو متن:

ریڈ رائیڈنگ ہڈ دراصل ایک نہایت مہربان لڑکی تھی
اور اُس نے ایک ایک تازہ نان خطائی
اُن کے پیالوں میں ڈالدی۔

Now Red Riding Hood was a kind little girl and she popped one freshly
made cookie into each of their bowls.

"اوؤوہ بہت بہت شکریہ" بھالو بولے "اُس خطرناک بھیڑئیے کے ساتھ تمہاری ہولناک آزمائش کے بعد تمہیں اتنی جلدی باہر نکلتے دیکھ کر خوشی ہو رہی ہے۔"

"Oooooh, thank you," said the bears. "It's good to see you out again, so soon after your terrible ordeal with that nasty wolf."

ریڈ رائیڈنگ ہڈ اپنے راستے پر چل دی۔ اُس نے اپنی ٹوکری میں جھانکا۔ ۹ نان خطائیاں اب ۶ رہ گئی تھیں! ابھی وہ تھوڑی ہی دور چلی تھی کہ اپنی نانی اماں کے گھر پہنچ گئی۔ "مجھے جاکر دیکھنا چاہئے کہ اس خطرناک بھیڑیئے کے ساتھ اپنی ہولناک آزمائش کے بعد نانی اماں کا کیا حال ہے۔" ریڈ رائیڈنگ ہڈ نے سوچا۔

Red Riding Hood marched on. She looked into her basket.
9 had become 6!
She hadn't gone far when she reached Grandma's house.
"I must see how Grandma is after her terrible ordeal with
that nasty wolf," thought Red Riding Hood.

نانی امّاں بستر میں تھیں۔

"نانی امّاں، نانی امّاں، آپ تو بہت بھوکی لگ رہی ہیں۔"

ریڈ رائیڈنگ ہڈ بولی۔

Grandma was in bed.
"Grandma, Grandma, you look starving,"
said Red Riding Hood.

" آپ امّی کی گھر میں بنی ہوئی نان خطائی ضرور کھائیں۔ میں کچھ نان خطائیاں ابّا کے لئے لیکر جا رہی ہوں لیکن اگر آپ ایک کھالیں تو وہ کچھ نہیں کہیں گے۔ "

" شکریہ پیاری بچی۔ " نانی امّاں نے کہا "تم ایک دردمند لڑکی ہو۔ بس اَب جاؤ، اپنے ابّا کو انتظار کا موقع مت دو۔"

"You must have one of Mum's home made cookies. I'm taking some to Dad, and he won't mind you having one."
"Thank you dear," said Grandma. "You are a thoughtful girl. Now run along and don't keep your father waiting."

ریڈرائیڈنگ ہُڈ نے نانی امّاں کے گال پر پیار کیااور تیزی سے اپنے ابّا کو ڈھونڈنے چل دی۔ اُس نے اپنی ٹوکری میں جھانکا۔ ٦ نان خطائیاں ۵ رہ گئی تھیں!

Red Riding Hood gave Grandma a kiss on the cheek
and rushed off to find her Dad.
She looked into her basket. 6 had become 5!

کچھ دیر کے بعد وہ دریا کے کنارے پہنچ گئی۔ تین سوکھے سہمے بکرے بھوری گھاس کے ٹکڑے پر لیٹے ہوئے تھے۔

"ریڈ رائیڈنگ ہڈ ، ریڈ رائیڈنگ ہڈ ، تمہارے پاس کچھ کھانے کے لئے ہے؟ ہم فاقے سے ہیں۔"

After a while she reached the river. Three very scrawny billy goats were lying on a patch of rather brown grass.
"Red Riding Hood, Red Riding Hood, have you any food? We're starving."

"ہم ہری بھری تازی گھاس کھانے کے لئے پل کے اُس پار نہیں جا سکتے۔ وہاں ایک ذلیل اور بھوکا بونا رہتا ہے جو اِس انتظار میں ہے کہ ہمیں ہڑپ کر لے۔"

"We can't cross the bridge to eat the lush green grass," they said. "There's a mean and hungry troll waiting to eat us."

"بے چارے بکرے، چلو کچھ گھر میں بنائی ہوئی تازی نان خطائیاں کھا کر دیکھو۔
بہت مزیدار ہیں۔ ۱، ۲، ۳۔"

"You poor things, try some home made cookies, they're delicious. 1, 2, 3."

"تم بہت مہربان ہو۔" بکروں نے کہا "خطرناک بھیڑیے کے ساتھ تمہاری ہولناک آزمائش کے بعد اتنی جلدی تمہیں باہر نکلتے دیکھ کر خوشی ہو رہی ہے۔"

"You're very kind," said the billy goats. "Nice to see you out again, so soon after your terrible ordeal with that nasty wolf."

ریڈ رائیڈنگ ہُڈ تیزی سے آگے چل دی۔ اُس نے اپنی ٹوکری میں جھانکا۔
۵ نان خطائیاں ۲ رہ گئی تھیں!
"خیر، کم از کم یہاں آس پاس کوئی خطرناک بھیڑیئے نہیں ہیں"
اُس نے سوچا۔ اُسی وقت۔۔۔

Red Riding Hood ran on. She looked into her basket. 5 had become 2!
"Well at least there aren't any nasty wolves around here," thought Red Riding Hood.
Just then…

۔۔۔ایک بھیڑیا کود کر اُس کے سامنے آگیا۔
"خوب، خوب، خوب" بھیڑیئے نے کہا "یہ تو ریڈ رائیڈنگ ہُڈ لگتی ہے، میرے بھائی کے ساتھ ہولناک آزمائش کے بعد اتنی جلدی یہاں، تمہیں دیکھ کر تو مجھے بھوک لگنے لگی۔"
"تم میری نان خطائیاں نہیں کھا سکتے۔" ریڈ رائیڈنگ ہُڈ نے سہمی ہوئی آواز میں کہا۔

… a wolf jumped out in front of her.
"Well, well, well!" said the wolf. "If it isn't Red Riding Hood out again, so soon after your terrible ordeal with my brother. Seeing you makes me feel rather peckish."
"You can't have any of my cookies," squeaked Red Riding Hood.

"میں نان خطائیوں کے متعلق تو نہیں سوچ رہا تھا۔"
بھیڑیئے نے اُس کی طرف چھلانگ لگاتے ہوئے غُرّا کر کہا۔

"I wasn't thinking about cookies,"
growled the wolf as he leapt towards her.

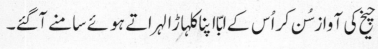

چیخ کی آواز سُن کر اُس کے ابّا اپنا کلہاڑا لہراتے ہوئے سامنے آگئے۔

Hearing a scream, her Dad appeared
wielding his axe.

"بھاگو، ریڈ رائیڈنگ ہُڈ، بھاگو!" اُنہوں نے چلّا کر کہا اور بھیڑیئے کے پیچھے دوڑے۔

"اَب دوبارہ نہیں، ریڈ رائیڈنگ ہُڈ۔" ابّا نے سوچا۔

"Run, Red Riding Hood! Run!" he bellowed as he chased the wolf away.
"Not again, Red Riding Hood," thought Dad.

اپنی سخت آزمائش کے بعد دونوں کو بھوک لگ رہی تھی۔

اُس نے اپنی ٹوکری میں ہاتھ ڈالا۔

"ایک آپ کے لئے اور ایک میرے لئے۔" ریڈ رائیڈنگ ہڈ نے کہا۔

They were both hungry after their terrible ordeal.
She reached into her basket.
"One for you and one for me," said Red Riding Hood.

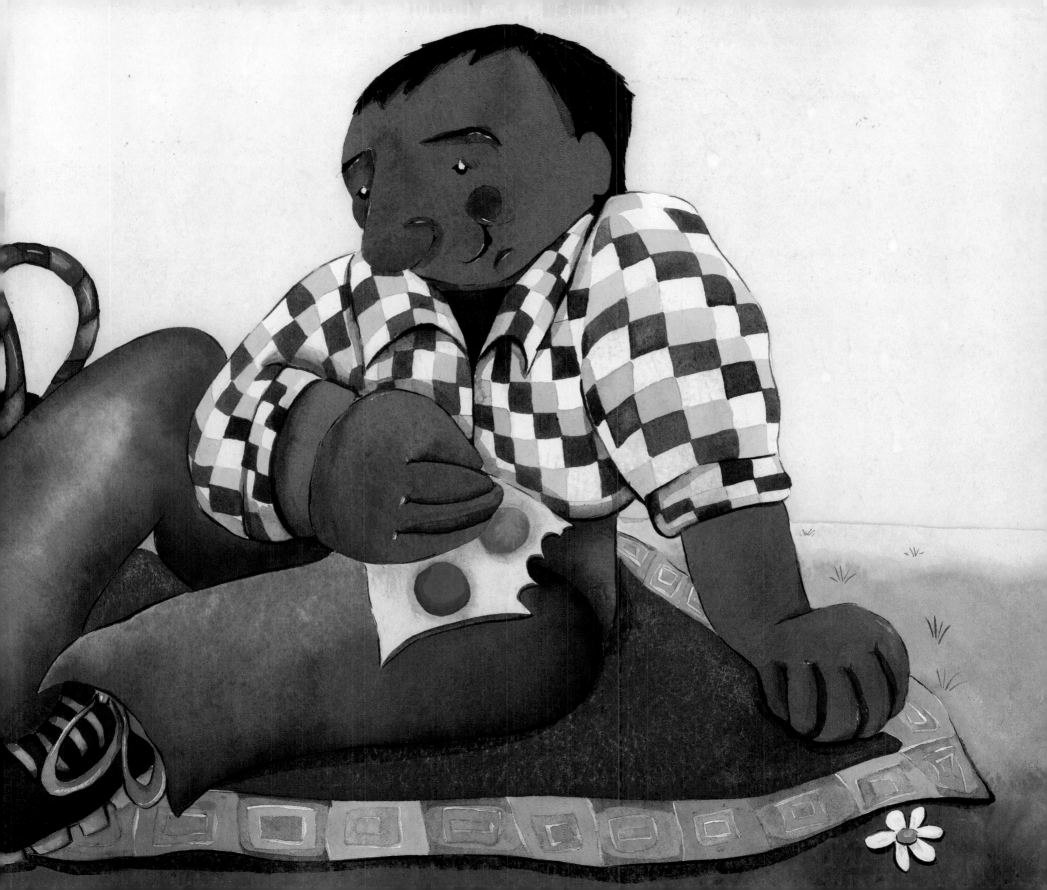

اور پھر وہاں کچھ بھی نہیں تھا۔

And then there were none.

Text copyright © 2003 Kate Clynes
Dual language and illustrations copyright © 2003 Mantra
All rights reserved.

British Library Cataloguing-in-Publication Data:
a catalogue record for this book is available
from the British Library.

First published 2003 by Mantra
5 Alexandra Grove, London N12 8NU, UK
www.mantralingua.com